BEI GRIN MACHT SICH WISSEN BEZAHLT

- Wir veröffentlichen Ihre Hausarbeit, Bachelor- und Masterarbeit
- Ihr eigenes eBook und Buch - weltweit in allen wichtigen Shops
- Verdienen Sie an jedem Verkauf

Jetzt bei www.GRIN.com hochladen und kostenlos publizieren

Bibliografische Information der Deutschen Nationalbibliothek:

Die Deutsche Bibliothek verzeichnet diese Publikation in der Deutschen Nationalbibliografie; detaillierte bibliografische Daten sind im Internet über http://dnb.d-nb.de/ abrufbar.

Dieses Werk sowie alle darin enthaltenen einzelnen Beiträge und Abbildungen sind urheberrechtlich geschützt. Jede Verwertung, die nicht ausdrücklich vom Urheberrechtsschutz zugelassen ist, bedarf der vorherigen Zustimmung des Verlages. Das gilt insbesondere für Vervielfältigungen, Bearbeitungen, Übersetzungen, Mikroverfilmungen, Auswertungen durch Datenbanken und für die Einspeicherung und Verarbeitung in elektronische Systeme. Alle Rechte, auch die des auszugsweisen Nachdrucks, der fotomechanischen Wiedergabe (einschließlich Mikrokopie) sowie der Auswertung durch Datenbanken oder ähnliche Einrichtungen, vorbehalten.

Impressum:

Copyright © 2014 GRIN Verlag, Open Publishing GmbH
Druck und Bindung: Books on Demand GmbH, Norderstedt Germany
ISBN: 978-3-668-20428-7

Dieses Buch bei GRIN:

http://www.grin.com/de/e-book/320924/die-russische-duma-im-system-putin-und-danach-ansaetze-probleme-und

Christian Rucker

**Die russische Duma im „System Putin" und danach.
Ansätze, Probleme und Zukunftsaussichten**

GRIN Verlag

GRIN - Your knowledge has value

Der GRIN Verlag publiziert seit 1998 wissenschaftliche Arbeiten von Studenten, Hochschullehrern und anderen Akademikern als eBook und gedrucktes Buch. Die Verlagswebsite www.grin.com ist die ideale Plattform zur Veröffentlichung von Hausarbeiten, Abschlussarbeiten, wissenschaftlichen Aufsätzen, Dissertationen und Fachbüchern.

Besuchen Sie uns im Internet:

http://www.grin.com/

http://www.facebook.com/grincom

http://www.twitter.com/grin_com

Friedrich Alexander Universität Erlangen-Nürnberg
Institut für Politische Wissenschaft
Masterseminar: Vergleich politischer Systeme I
WS 2013/14

Die russische Duma im „System Putin" und danach – Ansätze, Probleme und Zukunftsaussichten

vorgelegt von:
Christian Rucker
Politikwissenschaft (MA)
1. Fachsemester

Inhaltsverzeichnis

1. Parlamentarismus und Demokratieverständnis in Russland .... - 3 -

2. Die Verfassung von 1993 und das Verhältnis
   Legislative-Exekutive in Russland .... - 5 -

3. Die Duma in der Jelzin-Ära nach 1989/90 .... - 10 -

4. Die Entwicklung der Duma seit dem Amtsantritt von Wladimir Putin .... - 14 -

5. Entwicklungs- und Emanzipationsmöglichkeiten der Duma
   nach einer Ära Putin? .... - 23 -

6. Fazit .... - 26 -

7. Literaturverzeichnis .... - 30 -

1. Parlamentarismus und Demokratieverständnis in Russland

Wendet man sich dem politischen System Russlands und speziell dem Parlamentarismus zu, so stellt man schnell eines fest: Russland ist anders. Die Geschichte der legislativen Repräsentation in Russland ist vergleichsweise jung. Das erste Parlament in Russland, die Duma – was auf altslawisch bzw. altrussisch soviel wie „nachdenken" bedeutet – wurde im russischen Kaiserreich am 27. April 1906 von Zar Nikolaus II. eröffnet. Sie war allerdings weitgehend von der Macht des Zaren abhängig und von einer konsequenten Missachtung durch die Regierung geprägt. Diese regierte während der Sitzungspausen per Notverordnungen, welche nur im Nachhinein von der Duma abgesegnet werden mussten. Die ersten beiden Dumen wurden nach jeweils nur wenigen Monaten wieder aufgelöst und die vierte gewählte Duma setzte am Anfang des Ersten Weltkriegs sogar zeitweilig ihre Sitzungen aus. Nach der Auflösung der 2. Duma 1907 wurde ein neues Wahlrecht eingeführt, das die Städte wie auch die landlose Bauernschaft stark benachteiligte, die Gutsherrn aber wesentlich stärkte. Nach der Revolution und der Abdankung des Zaren schaffte der Rat der Volkskommissare die Duma am 18. 12. 1917 per Dekret offiziell ab.[1] Bereits hier kann festgestellt werden, dass die Staatsduma in ihrer Geschichte im Vergleich zu westlich-demokratischen Parlamenten erhebliche Unterschiede aufweist. So gab es beispielsweise in Russland, im Unterschied zu den übrigen europäischen Staaten, in denen die Monarchie unterging, keine gesellschaftliche Kraft, welche einen funktionstüchtigen Konstitutionalismus hätte installieren können. Das Land war überwiegend agrarisch, und eine bürgerliche Schicht bzw. Klasse wie im übrigen Europa war erst am Entstehen. Die Revolution ereignete sich daher auch im Wesentlichen in den Metropolen wie St. Petersburg und Moskau.[2]

Es gibt sehr unterschiedliche Herangehensweisen, die politische Kultur in Russland zu bewerten. Einige Ansätze gehen davon aus, dass die jahrhundertealte Tradition der russischen Staatlichkeit, die einer repräsentativen Herrschaft zumindest immer kritisch gegenüberstand, demnach bis heute fortwirkt. Denn die autoritäre politische Kultur, in welcher nahezu jede Form der Macht in den Händen der Exekutive zusammenläuft, blieb auch die gesamte Sowjetzeit hindurch ungebrochen.[3] Es gibt sogar Meinungen, die argumentieren, dass genau diese Schwäche der demokratischen Repräsentation in Russland erst verhindert hat, dass sich eine verantwortliche Legislative bzw. das Ver-

---
[1] Vgl. Das Zarenregime in der Krise, Online bei klett, o.O. u. J.
[2] Hartmann; Kempf, 2011: 279f.
[3] Vgl. Steinsdorff, 2002: 267.

ständnis dafür entwickelte.[4] Auch Präsident Jelzin vertrat – genau wie Putin später – bereits die Auffassung von der alles überragenden Machtposition des Präsidenten und der Vorherrschaft der Exekutive über die Legislative. Beide begründeten dies vor allem mit der besonderen politischen Kultur des Obrigkeitstaates in Russland. Die Vorstellung eines starken und zentralistischen Staates hatte und hat bei Putin klaren Vorrang, wobei er sich auch anderer Erklärungsmuster bedient.[5] Andere Wissenschaftler haben dieses Argument stets angefochten und es als kulturellen Determinismus verurteilt, der die Staatsbürger selbst dafür in die Verantwortung nimmt, dass die Regierung sie zu Opfern gemacht hat. Doch sogar diese Kritiker sind geteilter Ansicht darüber, was die Russen wirklich über Demokratie denken.[6] Dieses Verständnis von autoritärem Obrigkeitsstaat und Demokratie soll im Laufe dieser Arbeit besser verständlich gemacht werden und im sechsten Kapitel mit den Ergebnissen zusammengeführt werden.

Es lässt sich zweifelsfrei ausmachen, dass in Russland vor allem der Präsident sowohl die Funktionen als auch die Aufgaben der Duma häufig neu definiert hat. Die Duma spielte unter Jelzin eine ganz andere Rolle als unter Putin oder Medwedew.[7]

Bei der Frage, ob es sich bei dem derzeitigen politischen System in Russland um eine Demokratie oder etwas anderes handelt, stößt man auf Klassifizierungsprobleme. Die Regierung unter der Präsidentschaft Putins bediente und bedient sich durchaus demokratischer Formen und Verfahren wie die des Parlaments und regelmäßiger Wahlen. Allerdings nur, so scheint es, um sie durch gezielte Lenkung und Kontrolle zum Instrument einer systematischen Institutionalisierung seiner autoritären Herrschaft zu nutzen. Auf der einen Seite findet man häufig Begriffe wie „instrumentelle", „kontrollierte", „gelenkte", „gesteuerte", „defekte", „delegierte" oder „unvollständige" Demokratie. Andererseits wird Russland jegliches demokratische Minimum abgesprochen und es fallen Begriffe wie „Superpräsidentialismus", „Pseudodemokratie" oder „Semi-Autoritarismus".[8] Manche sehen sogar schon einen Rückfall hin zu einem autoritären Regime.[9]

Die Legislative besteht in Russland aus zwei Kammern: dem Föderationsrat als das Oberhaus und Vertreter der Föderationssubjekte auf der einen und der Staatsduma, dem Unterhaus mit 450 Abgeordneten, auf der anderen Seite. Beide werden zusammen als Föderationsversammlung bezeichnet. Die Duma wird teilweise als "Parlament ohne

---

[4] Chaisty, 2012: 152.
[5] Mommsen; Nussberger, 2007: 23
[6] Hale, 2012: 2
[7] Vgl. Sacharow, 2002.
[8] Heinemann-Grüder, 2004: 301
[9] Vgl. Mommsen; Nußberger 2007: 9

Opposition" oder sogar als "Taschenparlament des Präsidenten"[10] degradiert. In der russischen Presse reichen die Urteile oft auch über „absurdes Theater" bis hin zu „Irrenhaus".[11] Wieviel lässt sich aus alledem für die Legislative bzw. das Verhältnis von Exekutive und Legislative in Russland herauslesen und festmachen? Die vorliegende Seminararbeit verfolgt das Ziel, die Entwicklung der Duma seit dem Ende des Kommunismus in Russland zu skizzieren und künftigen Chancen und Möglichkeiten einer stärkeren Emanzipation der Duma von der Exekutive im politischen System Russlands zu untersuchen. Dabei soll auf die Anfänge des russischen Parlamentarismus, die Entwicklung der Staatsduma unter der Präsidentschaft Boris Jelzins sowie auf die weitgehende Domestizierung der Staatsduma unter den Präsidenten Putin und Medwedew eingegangen werden. Hier ist es unumgänglich, kurz auf die Verfassung von 1993 und das darin verankerte Verhältnis von Exekutive und Legislative zu sprechen zu kommen. Die zweite Kammer der russischen Legislative, der Föderationsrat, soll bei dieser Betrachtung aus Platzgründen und wegen der Konzentration der Mehrzahl der legislativen Kompetenzen auf die Staatsduma zurückstehen. Im Rahmen der künftigen Entwicklungschancen wird auf die Veränderungen des „System Putin" bezüglich der Legislative eingegangen und die Frage behandelt werden, ob diese Veränderungen strukturelle Spuren im politischen System hinterlassen haben. Hier soll auch das Kriterium zur Sprache kommen, ob diese Veränderungen künftige Entwicklungschancen der Duma, auch nach Präsident Putin, beeinflussen könnten. In einem Fazit sollen die Ergebnisse abschließend zusammengefasst werden.

2. Die Verfassung von 1993 und das Verhältnis Legislative-Exekutive in Russland

Russland wurde als ein „demokratischer, föderativer Rechtsstaat mit republikanischer Regierungsform" proklamiert.[12] Die meisten Autoren sind sich darüber einig, dass es sich bei der russischen Verfassung um ein präsidentiell-parlamentarisches Mischsystem handelt. Ebenso divergieren Verfassungsordnung und Verfassungswirklichkeit.[13] Es lässt sich aber feststellen, dass die russische Verfassung flexible Handlungsspielräume sowohl in Richtung einer stärker präsidentiellen, aber auch in Richtung einer parlamentarischen Handhabung eröffnet.[14]

---

[10] Schewzowa, 2001: 40., Vgl. dazu auch b) Wiest, 2004.
[11] Vgl. Steinsdorff, 2002: 289.
[12] Art. 1, Abs. 1, Russische Verfassung
[13] Mommsen, 2004: 179.
[14] Vgl. Luchenhart, 2002: 302.

Als die Sowjetunion sich auflöste, wurde die Räteverfassung der Russischen Republik 1991 ein letztes Mal geändert. Neben die Volksvertretung trat jetzt auch ein vom Volk zu wählender Präsident. In der Wahl zu diesem Oberhaupt setzte sich der bisherige Präsident der Volksvertretung, Boris Jelzin, durch. Sowohl seine, als auch die Rechte des Parlaments wurden sehr vage formuliert. Die Mehrheit der Volksvertretung, für welche sich langsam immer mehr der Name „Parlament" durchzusetzen begann, wollte ein starkes Parlament. Viele der Meinungsführer waren Altfunktionäre des sowjetischen Regimes. Jelzin aber bestand auf einem starken Präsidenten. Der unausweichliche Machtkampf lud sich vor allem an der Frage nach der raschen Umstellung von der Staats- auf die Marktwirtschaft auf. Jelzin konnte es hier gar nicht schnell genug gehen, während das Parlament dagegen war. Der Kampf zwischen Jelzin und dem Parlament spitzte sich schließlich derart zu, dass der Präsident am 4. Oktober 1993 loyale Armeeeinheiten in Moskau aufmarschieren und das Parlamentsgebäude belagern, beschießen und schließlich räumen ließ.[15]

Unmittelbar danach beschloss die Führung unter Jelzin eine neue Verfassung auszuarbeiten, die auch dem Präsidenten wieder eine demokratische Legitimation verschaffen sollte.[16] Der endgültige Verfassungsentwurf, welcher sich letztlich in den Augen des Präsidenten am besten eignete, war klar von der semi-präsidialen Verfassung der fünften französischen Republik inspiriert.[17] Der Entwurf wurde der Bevölkerung am 12. Dezember zur Abstimmung vorgelegt. 58,4 Prozent der Wähler stimmten dem neuen Staatsgrundgesetz zu, das damit, wenn auch sehr knapp, in Kraft trat.[18] Zum ersten Mal in der russischen Geschichte war damit die Basis für ein gewaltenteiliges und auf den Grundprinzipien der repräsentativen Demokratie aufbauendes Regierungssystem geschaffen worden.[19]

Nach dieser russischen Verfassung besitzt Russland ein parlamentarisches Regierungssystem mit Präsidialdominanz. Die politische Macht ist weitgehend in der Hand des Präsidenten konzentriert. Er bestimmt die Richtlinien der Politik, hat umfassende Vetokompetenzen im politischen Gefüge, vertritt Russland nach außen und innen und ist der Oberbefehlshaber der Streitkräfte. Darüber hinaus führt und kontrolliert er die Exekutive, auf die das Parlament nur einen mittelbaren Zugriff hat. Der Präsident wird direkt gewählt – ursprünglich auf eine Amtszeit von vier Jahren. Im November 2008 be-

---
[15] Vgl. Hartmann; Kempf, 2011: 282.
[16] Schröder, 2011.
[17] Hartmann, 2009: 109.
[18] Vgl. White; Rose; McAllister 1997: 87.
[19] Steinsdorff, 2002: 268

schloss die Duma eine Verfassungsänderung, nach der die Amtszeit des Präsidenten ab 2012 auf sechs Jahre verlängert wurde.[20] Bereits Präsident Boris Jelzin beanspruchte das Vorrecht, die Leitung von Schlüsselministerien bzw. der so genannten Machtministerien selbst zu besetzen. Es handelt sich hierbei vor allem um das Verteidigungs-, das Außen- und das Innenministerium sowie den Geheimdienst FSB.[21] Dabei ressortiert die Außen- und Sicherheitspolitik grundsätzlich beim Präsidenten. Er bestätigt zudem die gültige russische Militärdoktrin und ernennt und entlässt die Spitzenmilitärs.[22] Der Präsident ist schon nach dem Verfassungstext ein Vollinhaber der Regierungsgewalt. Die parlamentarisch verantwortliche Regierung geht ihm gewissermaßen als Hilfsorgan zur Hand, indem sie die Gesetze vollzieht. Der Präsident ernennt den Regierungschef, welcher dann dem Präsidenten wieder die Ressortminister vorschlägt. Bemerkenswert ist dabei auch, dass die Amtszeit der Regierung an die des Präsidenten gebunden ist. Es steht dem Präsidenten frei, den Regierungschef nach eigenem Ermessen zu entlassen. Bereits auf dem Papier ähnelt die Kompetenz des Präsidenten eher derjenigen des US-amerikanischen Präsidenten als der des französischen.[23]

Das Parlament – die Föderalversammlung – besteht aus zwei Häusern, der Duma und dem Föderationsrat. Die Duma mit 450 Abgeordneten wurde anfangs alle vier Jahre gewählt. Seit Ende 2011 beträgt die Legislaturperiode fünf Jahre. Ursprünglich wurde die eine Hälfte der Abgeordneten direkt, die andere Hälfte über Parteilisten gewählt. Seit der Wahlreform unter Putin werden alle Abgeordneten per Verhältniswahlrecht über Parteilisten bestimmt.[24] Die Duma hat vor allem die Funktion, Gesetze zu verabschieden, wobei jedes Gesetz nach dem Vorschlag durch die Duma von der zweiten Kammer, dem Föderationsrat gebilligt und anschließend vom Präsidenten unterzeichnet werden muss. Auch der Präsident hat das Recht, der Duma Gesetze vorzuschlagen. Wenn der Föderationsrat ein Veto gegen die Verabschiedung eines Gesetzes eingelegt, so kann die Duma dieses Gesetz dennoch beschließen, wenn sie es mit mindestens einer Zweidrittelmehrheit bestätigt. Der Präsident hat die Kompetenz, ein Veto gegen Gesetzesbeschlüsse einzulegen. Er ist allerdings verpflichtet, ein Gesetz trotz des Vetos durch seine Unterschrift in Kraft zu setzen, wenn sowohl die Duma als auch der Föderationsrat mit einer Zweidrittelmehrheit dafür stimmen. Die parlamentarische Komponente des Regierungssystems greift auch bei der Zustimmung der Duma zur Nominie-

---

[20] Schröder, 2011.
[21] Hartmann, 2009: 109.
[22] Schröder, 2011.
[23] Vgl. Hartmann; Kempf, 2011: 284f.
[24] Schröder, 2011.

rung des Ministerpräsidenten. Ohne diese Zustimmung kann die neue Regierung ihre Arbeit nicht aufnehmen, wobei die Duma die Minister allerdings nicht bestätigen muss. Sie hat bei der Regierungsbildung somit keine wirkliche Mitsprache und auch auf das weitere Schicksal der Regierung wenig Einfluss. Eine weitere Kontrolle der Regierung wird zusätzlich dadurch erschwert, dass die Duma nicht berechtigt ist, einen parlamentarischen Untersuchungsausschuss bzw. eine Untersuchungskommission einzusetzen, um so auf eventuell gesetzwidrige oder missbräuchliche Handlungen der Exekutive reagieren zu können. Sie hat jedoch das Recht, einen Ombudsmann zu ernennen und einen Rechnungshof zu bilden, welcher die Verwendung des Staatshaushaltes überwachen kann.[25]

Lehnt die Duma den vom Präsidenten ausersehenen Kandidaten für den Ministerpräsidenten ab, so hat der Präsident die Möglichkeit, entweder einen anderen Kandidaten vorzuschlagen oder denselben Kandidaten ein weiteres Mal zu nominieren. Wenn die Duma diesen Kandidaten nochmals ablehnt, so darf der Präsident ein letztes Mal einen Kandidaten benennen. Erhält auch er von der Duma nicht die nötige Mehrheit, hat der Präsident die Kompetenz, seinen Kandidaten trotzdem zu ernennen. Anschließend muss er aber die Duma auflösen. Der gleiche Mechanismus greift, wenn die Duma der Regierung das Vertrauen entzieht, der Präsident sich aber weigert, die Regierung aufzulösen. Bestätigt die Duma innerhalb von drei Monaten ihr Misstrauensvotum gegen die Regierung, so muss der Präsident sie entlassen oder er löst die Duma auf. Andernfalls bleibt die Regierung im Amt.[26] Die Staatsduma hat allerdings kein Selbstauflösungsrecht.

Es muss hier allerdings erwähnt werden, dass in der Realität schon die erste Ablehnung des in Aussicht genommenen Regierungschefs eine Kampfansage der Parlamentsmehrheit an den Präsidenten wäre. Die nochmalige Nominierung wäre dann vor allem eine erste Warnung an die Parlamentarier, dass ihnen vorzeitige Neuwahlen und eventuell der Mandatsverlust drohen. Die dritte Nominierung bedeutet für die Mandatsträger entweder die Kapitulation vor dem Willen des Präsidenten oder das drohende Ende ihrer parlamentarischen Karriere. Die Verfassung räumt dem Präsidenten zudem das Recht ein, per Dekret Rechtsvorschriften zu erlassen. Die Grenzen zwischen diesen „Ukas" und dem Gesetz sind sehr vage formuliert. Sie dürfen nur nicht gegen die Verfassung oder bereits bestehende Bundesgesetze verstoßen.[27] Ebenfalls sind die Vo-

---

[25] Ryschkow, 2004: 205.
[26] Vgl. Steinsdorff, 2002: 286.
[27] Vgl. Ebd.: 269.

raussetzungen für eines der – im Extremfall – wichtigsten Instrumente denkbar restriktiv verfasst. Um ein Amtsenthebungsverfahren gegen den Präsidenten einzuleiten, muss die Anklage jeweils von mindestens einem Drittel der Abgeordneten beider Parlamentskammern erhoben werden. Dann müssen erneut jeweils zwei Drittel der Mitglieder beider Kammern die Anklage beschließen. Der Anklagebeschluss wird aber nur dann wirksam, wenn anschließend auch das Oberste Gericht einen Straftatbestand bestätigt und das Verfassungsgericht feststellt, dass die Anklageprozedur korrekt vonstatten gegangen ist. Erst dann wird die Anklage im Föderationsrat verhandelt und entschieden. Mögliche Anklagepunkte beziehen sich nur auf strafbare Handlungen. Eine Anklage aus politischen Gründen ist somit von vornherein ausgeschlossen.[28]

Blickt man allein auf den Verfassungstext, beherrscht eindeutig der Präsident die Institutionen. Gegenüber seiner Machtfülle hat die Legislative also rein verfassungsmäßig vergleichsweise nur beschränkte Möglichkeiten. Nichtsdestotrotz hat sie gewisse Möglichkeiten der Kontrolle, auch wenn sie von den drei klassischen Funktionen eines Parlaments, nämlich der Funktion als Gesetzgeber, der Funktion als Kontrollorgan gegenüber der Exekutive und der Funktion bei der Regierungsbildung bestenfalls die Hälfte erfüllt.[29] Es ist offenkundig, dass die Verfassung unter dem Eindruck der Konfrontation zwischen Präsident und Parlament entworfen wurde. Die Auslegung der Verfassung hin zu dieser extremen Präsidialdominanz in der Verfassungswirklichkeit muss ebenso vor diesem Hintergrund der konfliktreichen Entstehung gesehen werden. Es war ein Kampf um die jeweilige Vormachtstellung von Legislative und Exekutive. Ungeachtet gegenteiliger Verfassungsvorstellungen hielten die siegreichen Anhänger einer starken Präsidentschaft unter Jelzin an ihrer Absicht fest, die politische Macht in den Händen der Exekutive zu konzentrieren. Diese Haltung war auch darin begründet, dass Jelzin und seine Reformer mit Hilfe einer starken Präsidentschaft rasch den Übergang zur Marktwirtschaft meistern wollten und kein widerspenstiges Parlament gebrauchen konnten, welches ihren Kurs torpedieren könnte.[30]

Auch wenn die Verfassung, wie bereits erwähnt, zum Teil ambivalent ist, so ermöglichte sie dennoch die Etablierung eines Systems präsidialer Herrschaft im Zuge dieses Konflikts, indem die eigentliche politische Macht in der Hand des Staatsoberhaupts konzentriert wurde, welcher seinerseits die regionalen Führungsgruppen und Teile der Finanz- und Wirtschaftseliten einband. Eine wirksame Kontrolle durch Parlament und Volk

---

[28] Vgl. Hartmann; Kempf. 2011: 285ff.
[29] Ryschkow, 2004: 213.
[30] Vgl. Mommsen, 2012.

ist in dieser Verfassungswirklichkeit kaum noch möglich.[31] Dennoch sehen einige die relativ schwache verfassungsrechtliche Stellung der Duma nicht als entscheidenden Grund, warum sich im ersten Jahrzehnt des postsowjetischen Parlamentarismus keine effektive Regierungskontrolle entwickeln konnte. Vielmehr argumentiert z.B. Silvia von Steinsdorff, dass das Fehlen einer entscheidenden Voraussetzung, nämlich die Gegenüberstellung einer Regierungsmehrheit und einer echten Opposition mit parlamentarischen Kontrollrechten, der eigentliche Grund ist.[32]

Boris Jelzin begründete die starke Auslegung hin zu einer extremen Dominanz des Präsidenten im politischen System auch offiziell nicht zuletzt mit einem Hinweis auf die traditionelle politische Kultur des Landes, die durch die Zaren, die Sowjetzeit, etc. an autoritäre, starke politische Führer gewohnt und geprägt sei.[33]

3. Die Duma in der Jelzin-Ära nach 1989/90

Der russische Präsident Boris Jelzin und die Duma zogen in den ersten Jahren nach dem Zerfall der Sowjetunion durchaus nicht am gleichen Strang.[34] In den Jahren 1993 – 1999 hatte es Jelzin mit zwei Dumen zu tun. In keiner von beiden hatte er eine Mehrheit. Es gab, wie erwähnt, auch keine Präsidentenpartei, welche Jelzin grundsätzlich unterstützte.[35]

Die Parlamentswahlen 1993 brachten eine Enttäuschung für den von Jelzin gefahrenen Kurs. Die Wähler erteilten den Reformkräften eine Abfuhr. Von einem parlamentarischen Rückhalt für die Fortsetzung der Reformpolitik konnte keine Rede sein.[36]

Während der ersten, auf zwei Jahre verkürzten Wahlperiode waren die Abgeordneten vor allem damit beschäftigt, die parlamentsinterne Organisation und Ressourcenverteilung zu regeln.[37] Das Parteienfeld war stark zersplittert und nach dem sowjetischen Einparteisystem herrschte eine vom Aufbruch geprägte Stimmung. Die Liberalen kritisierten die autoritär anmutende Politik des Kremls. Die Nationalisten, die Liberaldemokratische Partei Russlands (LDPR), opponierten gegen liberale Politikelemente, und die Kommunisten (Kommunistische Partei Russlands - KPR) stemmten sich vehement gegen die Einführung der Marktwirtschaft. Einige kleine Parteien repräsentierten einfach nur den Wunsch ihrer Gründer, am politischen Spiel in irgendeiner Weise teilzuhaben.

---

[31] Vgl. Schröder, 2011.
[32] Vgl. Steindorff, 2002: 287
[33] Mommsen, 1996: 202.
[34] Hartman, 2009: 108
[35] Ryschkow, 2004: 205
[36] Vgl. Schröder, 2003: 18.
[37] Steinsdoff, 2003: 2.

Es waren oft komplizierte und fragile Allianzen mit wenig Abstimmungsdisziplin, die den Präsidenten unterstützten.[38] Durch diese stetig wechselnden und unberechenbaren Abstimmungsmehrheiten wurde es bald zur Regel, dass Präsident Jelzin seine Politik unter Ausschluss der Duma zu gestalten versuchte.

Mit dem Sieg der Kommunisten bei der Wahl im Dezember 1995, bei der sie über ein Drittel der Abgeordnetensitze gewannen, war diese Art der Politik zu Ende. Zwar erreichte die KPR nicht die absolute Mehrheit, konnte aber gemeinsam mit der Agrarpartei alle Beschlüsse und Gesetzesinitiativen verhindern. Eine ganze Reihe von wichtigen Gesetzen, wie die Abgabenordnung, das Arbeitsrecht, das Strafrecht und die Grundbuchordnung wurden aufgrund des Widerstandes in der Duma abgewürgt.[39] Die kommunistische Partei wandelte sich somit von einer Anti-System-Kraft in eine parlamentarische Partei, welche schnell die Regeln der neuen Institution für sich zu nutzen lernte. Die zweite Duma stand nun endgültig in offener Opposition zu dem Präsidenten, was im Jahre 1999 beinahe mit dem Beginn eines Amtsenthebungsverfahrens gegen Jelzin gegipfelt hätte.[40] Die Dominanz der Kommunisten zwischen 1996 und 1999 und dem daraus folgenden Konflikt mit der Exekutive führte zu einem Dualismus zweier, zum Teil destruktiver Vetospieler im politischen System: der Duma und dem Präsidenten.[41] Allein aus der Verfassung heraus ergab sich letztlich nur die Möglichkeit, dass sich die Duma in einen äußerst fragwürdigen gesetzgebenden Gegenspieler zum Präsidenten verwandelte, wenn keine feste Mehrheit von Anhängern des Präsidenten bzw. der Regierungsmehrheit zustande kam. Da dies, wie erwähnt, während der gesamten Jelzin-Ära nicht der Fall war, identifizierte sich keine Partei bzw. Fraktion mit der Regierung oder deren Arbeit. Somit wurden alle Parteien zu Kritikern des Ministerkabinetts, wobei sie untereinander nicht selten in einen regelrechten Wettbewerb eintraten, wer die meisten – oft populistischen – Gesetze einbrachte.[42]

Der Präsident machte deshalb zwischen 1994 und 1999 von seinem legislativen Vetorecht exzessiven Gebrauch. Rund ein Viertel aller von der Staatsduma in dritter Lesung verabschiedeten Gesetze trat nie in Kraft. Gleichwohl muss erwähnt werden, dass nicht alle Zurückweisungen immer auf grundsätzliche Meinungsverschiedenheiten zwischen dem Staatschef und den Abgeordneten zurückzuführen waren.[43] Dennoch ist ein Ge-

---

[38] Hartman; Kempf, 2011: 287.
[39] Hendley, 2007: 103.
[40] Ryschkow, 2004: 205
[41] Steinsdoff, 2003: 2.
[42] Ryschkow, 2004: 206
[43] Vgl. Steinsdoff, 2002: 284.

gensatz unverkennbar. Zudem war es keine Seltenheit, dass Jelzin recht häufig von seinem Verordnungsrecht Gebrauch machte, um das Parlament komplett zu umgehen.[44] Wie bereits erwähnt, haben diese Präsidialdekrete Gesetzeskraft.[45] Seine Nachfolger im Präsidentenamt, Wladimir Putin und Dmitrij Medwedew, die sich auf eine zuverlässige Parlamentsmehrheit stützen konnten, machten nachweislich wesentlich seltener von diesem Instrument Gebrauch.[46]

Unter Jelzin war das politische System Russlands eine pluralistische Präsidialdemokratie. Auch wenn die Ära Jelzin durch einen bestenfalls in Ansätzen vorhandenen demokratischen Modus und einen sehr unsicheren Umgang der politischen Entscheider mit den neuen Institutionen und Verfahren gekennzeichnet war, so verstand es Präsident Jelzin dennoch, nicht nur dem Kapitalismus, sondern auch der Zivilgesellschaft und den Medien etwas Freiraum zu verschaffen.[47] Allerdings verfügte er weder über eine breite Zustimmung im Volk noch über eine feste Mehrheit in der Duma.[48] Vielmehr war unter seiner Präsidentschaft die gesamte Arbeit der Duma durch ein mühsames Ringen um Abstimmungsmehrheiten geprägt, und das allgemeine Verhältnis von Exekutive und Legislative war weitestgehend durch Konfrontation bestimmt.[49] Jelzin verstand es, den Pluralismus innerhalb des Kremls zu kontrollieren. Es wurde zu seinem Markenzeichen, die unterschiedlichen politischen Kräfte innerhalb der Exekutive gegeneinander auszuspielen und den gesamten Staatsapparat durch personelle Umbesetzungen und Verschiebungen vom Präsidenten und ihm gegenüber loyalen Kräften abhängig zu machen.[50] Nichtsdestotrotz muss erwähnt werden, dass gewaltenteilige Elemente in den neunziger Jahren eine große Rolle spielten, als Präsident Jelzin mit einer starken Opposition, mächtigen Provinzgouverneuren und einem selbstbewussten Verfassungsgericht zu ringen hatte.[51]

Zwischen 1991 und 1999 hatten sich die politischen und gesellschaftlichen Umbrüche in Russland fundamental verändert. Die massiven wirtschaftlichen Veränderungen verschoben die Gewichte innerhalb der Gesellschaft und schufen nach und nach eine neue Oberschicht, die aktiv an der Gestaltung der neuen Sozial- und Wirtschaftsordnung mitwirkte. Besonders nach der Wahl zur zweiten Duma standen jetzt diese sogenann-

---

[44] Vgl. Hartman; Kempf, 2011: 286.
[45] Ryschkow, 2004: 205.
[46] Vgl. Protsyk, 2004: 653.
[47] Mommsen; Nußberger, 2007: 33.
[48] Götz, o.O.u.J.: 12.
[49] Mommsen; Nußberger, 2007: 39.
[50] Vgl. Mommsen, 2004: 191.
[51] Mommsen, 2012.

ten Oligarchen hinter Jelzin. Sie unterstützten den Präsidenten und ihm freundlich gesinnte Parteien und Kandidaten. Die Oligarchen, junge Unternehmer, die sich bei der Privatisierung der Staatswirtschaft bereichert hatten, fanden nach Jelzins Wiederwahl 1996 im Kreml offene Ohren für ihre Wünsche.[52]

Die lockere und fragmentierte Art von Jelzins Politikgestaltung ermöglichte es zudem generell, dass viele Interessenvertreter, innerhalb und außerhalb des Staatsapparates, die Politik zum Teil aktiv mitgestalten konnten.[53]

Während das Parlament im "System Jelzin" nur eine untergeordnete Rolle spielte, kam dem föderalen Element weiterhin ein erheblicher Stellenwert zu. Die Gouverneure, durch Regionalwahlen legitimiert und in vielen Fällen auf den Konsens regionaler Eliten gestützt, gewannen im Lauf der Zeit ein erhebliches Gewicht. Das Zusammenwirken von regionaler und föderaler Exekutive war schließlich ein charakteristisches Merkmal in Jelzins politischem System.[54]

Die Duma war aber gerade durch den permanenten Gegensatz zu Präsident Jelzin vor allem in der zweiten Legislaturperiode von 1996-1999 keineswegs inaktiv. Dies wird durch die hohe Anzahl von Gesetzen untermauert, welche die Duma in diesem Zeitraum verabschiedete und die auch aus der Kammer selbst kamen. Rund die Hälfte aller Gesetzestexte wurde von Anfang an in den Ausschüssen konzipiert und formuliert, wenngleich erwähnt werden muss, dass sich darunter auch einige Vorlagen finden, welche von der Regierung oder von interessierten Fachbehörden eingebracht wurden.[55]

Die Duma kann bei genauerer Betrachtung unter der Präsidentschaft Jelzins zwar als aktive, jedoch nicht wirklich als konstruktive Legislative gewertet werden.

Jelzins einseitige Auslegung der Verfassung hin zu einem rein präsidentiellen, statt einem semi-präsidentiellen System, erwies sich aus dieser Sicht auch als nachteilig und verstieß streng genommen auch gegen die Überzeugung der Verfassungsautoren. Die Tatsache, dass er nicht bereit war, durch die Schaffung einer echten Präsidentenpartei eine demokratisch legitimierte Basis aufzubauen und einem Mehrparteiensystem Leben einzuflößen[56], verschärfte die ständigen Kontroversen zwischen der Exekutive (Präsident) auf der einen und der Legislative (Duma) auf der anderen Seite. Das starke Vertreten der Kommunisten und der Rechtsnationalisten im Parlament und die Blockade

---

[52] Hartman; Kempf, 2011: 288.
[53] Remington, 2007: 57.
[54] Schröder, 2003: 19.
[55] Steinsdorff, 2002: 282.
[56] Mommsen; Nußberger, 2007: 33f.

einer normalen Regierungsarbeit behinderten die Reformen erheblich und erschwerte zudem eine effektive Staatsführung.[57]

Eine weitere Schwäche, warum die Duma in dieser Zeit unter dem Strich eine eher schwache Rolle spielte, war freilich nicht nur den Bestimmungen der Verfassung von 1993 geschuldet. Den Abgeordneten und Parteivertretern war es nicht gelungen, durch ein verantwortungsbewusstes Auftreten und die Bildung klarer Mehrheiten Glaubwürdigkeit und politisches Profil zu erlangen. Schon allein die Tatsache, dass sich 1995 43 Parteilisten zur Wahl stellten (gegenüber 13 Listen 1993), verdeutlicht, dass das Parteiensystem fragil war und die Mehrzahl der Parteien kaum über Rückhalt in der Bevölkerung verfügte. Ein Umstand, an dem sich aus Sicht vieler Beobachter bis heute wenig geändert hat.[58] Michael McFaul hatte in einer Studie genau diesen Zustand aufgegriffen und ihn als „unvollendete russische Revolution" der Jelzin-Ära beschrieben. Er versuchte, die verhängnisvollen Wirkungen des politischen, wirtschaftlichen, gesellschaftlichen, etc. Wandels in der ehemaligen Sowjetunion zu begründen. Er kam schließlich zu dem Schluss, dass Russland lange Zeit auf dem Stand einer „partial democracy" verharren könnte.[59] Diese Phase des Chaos und der politischen Unsicherheit, des ständigen destruktiven Kampfes zwischen Präsident und Duma, hat einen erheblichen Teil dazu beigetragen, dass die Duma als politische Institution in Russland vergleichsweise wenig Ansehen hat.[60]

Im Mai 1999 gipfelten die Auseinandersetzungen, als die Duma ein Amtsenthebungsverfahren gegen den Präsidenten anstrebte. Sie prangerte die Inkompetenz des Präsidenten an und konstruierte eine Anklage wegen Korruptionsvorwürfen. Mit 16 Stimmen verfehlte die Anklage die erforderliche Mehrheit lediglich knapp.[61] Jelzin konterte, indem er die Duma auflöste. Nach einem weiteren von vielen Interimspremiers entschied sich Jelzin im August 1999 für einen Regierungschef, der ihm auch als sein Nachfolger geeignet erschien: der ehemalige KGB-Offizier Wladimir Putin.[62]

4. Die Entwicklung der Duma seit dem Amtsantritt von Wladimir Putin

Die dritte Parlamentswahl nach dem Ende der Sowjetunion im Dezember 1999 gilt als das Ende des mühsamen Ringens um Abstimmungsmehrheiten. Es gab zwar rein

---

[57] Leonhard, 2001: 80, Vgl. dazu auch Ryschkow, 2004: 206.
[58] Vgl. Schröder, 2003: 19.
[59] McFaul, 2001: 335.
[60] Vgl. Chaisty, 2012: 141.
[61] Vgl. Mommsen, 2003: 85.
[62] Vgl. Hartman; Kempf, 2011: 289.

rechnerisch gesehen wieder keinen Wahlsieger, allerdings kristallisierte sich langsam in den ersten Monaten der neuen Legislaturperiode eine stabile Mehrheit heraus. Deren Kern bildet die nach den Kommunisten zweitstärkste Dumafraktion „Jedinstvo" (Einheit). Dieses Wahlbündnis war erst kurz vor dem Abstimmungstermin nach Anleitung von „politischen Ingenieuren"" in der Präsidialverwaltung des Kremls gegründet worden, um dem neuen Premierminister und designierten Staatspräsidenten Wladimir Putin eine mehrheitliche Grundlage im Parlament zu sichern.[63]

Zum Jahreswechsel 1999/2000 trat Jelzin noch vor Ablauf seiner Amtszeit zurück und Putin wurde neuer amtierender Präsident. Am 26. März 2000 setzte er sich im ersten Wahlgang der Präsidentenwahl mit 52,9 Prozent durch. Hinter dieser Kampagne stand eine sehr heterogene Allianz, in der die unterschiedlichsten Interessen vertreten waren. Diese Verbindung stellte den neu gewählten Präsidenten allerdings vor ein Dilemma: Putin war zwar ein Produkt der Kräfte, welche Jelzin unterstützt hatten (wie zum Beispiel der Oligarchen), doch diese hatten ihn mit dem Image eines ehrlichen, volksnahen, dynamischen, starken Mannes ausgestattet, welcher mit der Misswirtschaft und dem Stillstand der Jelzin-Jahre aufräumen würde. Zwischen den Erwartungen der Wählerinnen und Wähler sowie denen der Koalition, die ihn im Wahlkampf unterstützte, bestand ein offensichtlicher Gegensatz. Bei der Festigung seiner Machtposition musste sich Putin daher jetzt mit jenen Kräften auseinandersetzen, die schon die Jelzin-Ära entscheidend mitgestaltet und mitgeprägt hatten.[64]

Sein Wunsch, einen starken, zentralisierten Staat mit einer effizienten Verwaltung aufzubauen, stand im kompletten Widerspruch zum „System Jelzin", das vom Aushandeln von Interessenskonflikten geprägt war.[65] Putin erhob und erhebt für sich den Anspruch, den Prozess der Transformation der russischen Gesellschaft durch bewusste Lenkung von oben her voranzutreiben und zu steuern.[66] Er erkannte, nicht zuletzt aufgrund der Lehren aus den turbulenten Jelzin-Jahren, dass eine willfährige Parlamentariermehrheit für die volle Entfaltung des Potentials seiner Präsidentschaft im Zweifel nützlich war.[67]

Daher gingen die politischen Regisseure im Kreml daran, ihre Kontrolle über den politischen Prozess durch die Konstruktion einer Präsidentenpartei zu intensivieren. Auf dem Weg zu den nächsten Dumawahlen 2003 wurde eine Konzentration der administrativen Parteien angestrebt. Durch den Zusammenschluss der zwei größten Fraktionen und

---

[63] Steindorff, 2003: 2.
[64] Schröder, 2003: 20
[65] a) Wiest, 2004: 17ff.
[66] Gorzka, 2007: 10.
[67] Vgl. Hartman; Kempf, 2011: 294

Koalitionspartner „Einheit" und „Vaterland – ganz Russland" und der Zusammenführung der Parteien wurde am 1. Dezember 2001 die neue „Partei der Macht", „Einiges Russland", gebildet. Sie war im Prinzip im Februar 2002 fertiggestellt.[68] „Einiges Russland" steigerte seinen Bestand von 300.000 Mitgliedern im Jahr 2003 auf zwei Millionen Mitglieder im Jahr 2008. Diese Partei bildet den hauptsächlichen Rekrutierungspool für Posten in der Zentralregierung und in den Gliedstaaten.[69] Unter der Führung dieser Partei entwickelte sich die Duma bald zu einer straff organisierten „Zustimmungsmaschine", welche das ehrgeizige Gesetzgebungsprogramm des Präsidenten diszipliniert umsetzte. Das jahrelang von den Kommunisten im Parlament blockierte Gesetz über den Erwerb von Grundeigentum sowie die Justizreform wurden jetzt schnell auf den Weg gebracht. Ebenso wurden beispielsweise ein neues Steuerrecht, Regelungen zur Insolvenz und ein Parteiengesetz verabschiedet.[70] Einige Beobachter sehen hier beinahe ein Paradox. Auf der einen Seite lässt die Tatsache, dass diese notwenigen Reformen jetzt verabschiedet wurden, eine Abkehr von sowjetischen Normen erkennen. Andererseits mag der eine oder andere durch die Art und Weise, wie reibungslos die Gesetze verabschiedet wurden, an die Entstehung von Gesetzen und Normen in der Sowjet-Ära erinnert werden.[71]

Nach den Dumawahlen 1999 lässt sich eine immer stärkere Kooperation zwischen Exekutive und Legislative ausmachen. Eine weitgehende Gängelung der Duma in ihrer Arbeitsweise wurde zu einem auffälligen Merkmal der dritten Legislaturperiode. Es machte sich hier auch verstärkt die Meinung breit, dass es sich beim Parlament nur um eine weitere Abteilung der Präsidialadministration handle.[72] Unmittelbar nach der Wahl wurde eine massive „Wanderung" von Abgeordneten initiiert. Viele unabhängige – aber auch Angehörige von anderen Fraktionen – wanderten in das Lager der Kremlpartei. Im Ergebnis verfügte diese dann über weitaus mehr Sitze, als ihr nach den Wählerstimmen eigentlich zugestanden wären. Dies geschah sowohl nach den Wahlen 1999 zugunsten der Partei „Einheit" und nach den Wahlen im Dezember 2003 zugunsten ihrer Nachfolgerin „Einiges Russland" (Jedinaja Rossija)[73]

Die vierten Dumawahlen am 7. Dezember 2003 zeigten, in welchem Maße der Präsident und seine Umgebung das politische Leben im Land mittlerweile kontrollierten. Bei

---

[68] Vgl. Mommsen, 2004: 194
[69] Vgl. Kuderer, 2009: S. 292f.
[70] Steindorff, 2003: 3; Remington, 2007: 58.
[71] Vgl. Hendly, 2007: 103
[72] Mommsen, 2004: 194.
[73] Mommsen; Nußberger, 2007: 39. und Mommsen, 2004: 193.

einer Wahlbeteiligung von 55 Prozent erhielt die Partei "Einiges Russland" bei der Listenwahl 37 Prozent der Stimmen und wurde damit stärkste Fraktion. Die Partei „Rodina" (Heimat), deren Gründung von der Präsidialverwaltung mit dem Ziel angeregt worden war, Wähler von den Kommunisten abzuziehen, erreichte neun Prozent und die nationalistisch-rechtsradikale „Liberal-Demokratische Partei Russlands" (LDPR), 11,6 Prozent. Diese hatte im Lauf der letzten Legislaturperiode meist mit der Präsidentenpartei gestimmt. Die kommunistische Partei fiel auf 12,7 Prozent zurück, die liberalen Parteien "Union der Rechten Kräfte" und "Jabloko" scheiterten an der Fünf-Prozent-Hürde.[74] Anschließend war die Wander- und Konzentrationsbewegung der Abgeordneten besonders stark: Am Ende dieser Bewegung erreichte „Einiges Russland" 304 von 450 Dumasitzen. Trotz des nur 37-prozentigen Anteils an den Wählerstimmen vereinigte die Partei durch diese „Abgeordnetenwanderung" rund zwei Drittel aller Sitze in der Duma auf sich.[75]

Die extreme Konsolidierung von „Einiges Russland", das sehr schwache Abschneiden der Kommunisten sowie die vollständige Niederlage der liberalen Parteien und der in seinem Maß unerwartete Erfolg von LDPR und „Heimat", lassen einige Beobachter im Nachhinein auch vom Zusammenbruch des alten Parteiensystems sprechen.[76] Eine Konsequenz der Dumawahl von 2003 war folglich auch, dass sich das Zentrum der legislativen Entscheidungen de facto von formellen Organen wie den Duma-Ausschüssen hin zu den einzelnen Gruppen innerhalb der Partei „Einiges Russland" verschob.[77]

Im März 2004 erreichte Putin bei den Präsidentenwahlen 71 Prozent und ging so in eine zweite Amtszeit. Mit diesem Wahlergebnis im Rücken und mit der Zweidrittelmehrheit im Parlament - er konnte sich jetzt auf „Einiges Russland" sowie im Zweifel auf die Stimmen von LDPR und Rodina verlassen - verfügte er über eine sichere Position, um Russland nach seinen Vorstellungen politisch zu gestalten.[78] Putins Beliebtheit in Russland wird vor allem mit der Erholung der russischen Wirtschaft und der Besserung des Lebensstandards nach den turbulenten wirtschaftlichen Verhältnissen unter Jelzin, besonders nach der Russlandkrise 1998/1999, begründet. Tatsächlich war Putins Zeit als Präsident und Ministerpräsident von einer spürbaren wirtschaftlichen und sozialen Erho-

---

[74] Schröder, 2003: 23; Götz, o.O.u.J.: 1.
[75] Vgl. b) Wiest, 2004.
[76] Vgl. Makarenko, 2004: 226ff.
[77] Chaisty, 2012: 150.
[78] Vgl. a) Schröder, 2012.

lung Russlands sowie einer Verbesserung grundlegender makroökonomischer und demographischer Kennzahlen gekennzeichnet.[79]
Putin benutzte seine Kontrolle über die Duma durch seine Präsidentenpartei nicht zuletzt um einige sehr umstrittene Punkte im Jahr 2004 umzusetzen, welche den politischen Wettbewerb und die Initiativen stark einschränkten.[80] Am 13. September 2004 wurde eine Änderung des Parteien- und Parlamentsrechts vorgenommen. Durch diese Änderung wurde das Mischsystem von Persönlichkeitswahl und Verhältniswahl auf eine reine Verhältniswahl umgestellt. Es stehen seitdem folglich nur noch Parteilisten zur Wahl.[81] Somit haben Splitterparteien und regionale Parteien so gut wie keine Chance mehr auf einen Einzug in die Duma. Bisher war die Hälfte der Abgeordneten durch die Persönlichkeitswahl in Wahlkreisen direkt ins Parlament eingezogen. Dies führte dazu, dass einige Abgeordnete, deren Partei an der Fünf-Prozent-Klausel scheiterte, den Einzug in die Duma trotzdem schafften und dort für einen gewissen Meinungspluralismus sorgten.[82] Ebenfalls am 13. September 2004 legte Putin einen Plan vor, nach dem die bisher direkt gewählten Regionalgouverneure künftig von ihm allein vorgeschlagen und von den regionalen Parlamenten bestätigt oder abgelehnt werden sollten. Dadurch wurden die Präsidenten und Gouverneure der einzelnen Föderationssubjekte nicht mehr direkt gewählt, sondern nur von den Regionalparlamenten bestätigt. Dem vorausgegangen war bereits ein Schlag gegen die Macht der einzelnen föderalen Glieder im Jahr 2002: Während Jelzin war die zweite Parlamentskammer, der Föderationsrat, ein bedeutender Vetoakteur gewesen. Besonders am Ende von Jelzins zweiter Amtszeit war es dieser Kammer immer wieder gelungen, der Exekutive ihr Potential in der Machtpolitik aufzuzeigen. Per Gesetz wurde nun unter Putin verfügt, dass ab dem ersten Januar 2002 nur noch weisungsgebundene ständige Delegierte der Oberhäuser der regionalen Exekutive und Legislative im Föderationsrat vertreten sein sollten und nicht mehr wie früher die politischen Führer der Regionen, welche als politische Schwergewichte in Moskau viel Einfluss geltend machen konnten.[83] Die Duma verabschiedete diese entscheidende Schwächung des politischen Pluralismus mit großer Zustimmung.[84] Viele Beobachter sprechen hier auch von einer „Entmachtung" des Föderati-

---

[79] Vgl. Cohen, 2006 und Gorzka, 2007, 8.
[80] Remington, 2007: 67.
[81] Hartman; Kempf, 2011: 294.
[82] Vgl. Gudkov, 2008 :5.
[83] Mommsen; Nußberger 2007: 37
[84] Wiest, 2003: 328 ff.

onsrates.[85] Diese und andere Maßnahmen stießen in der internationalen Wahrnehmung und bei liberalen Politikern auf große Kritik.

Es kann konstatiert werden, dass Putin die zweite Möglichkeit, welche sich aus der zum Teil recht kritisch konstruierten Verfassung ergab, erfolgreich umgesetzt hat. Er hat die superpräsidentielle Ausrichtung mit einer Mehrheit in der Staatsduma verbunden, welche ihm gegenüber ergeben ist. Damit gelang es ihm auch, den Hauptwiderspruch der Duma in der Verfassung aufzulösen: Die breiten gesetzgeberischen Vollmachten auf der einen und ihre politische Verantwortungslosigkeit auf der anderen Seite. Im Gegensatz zu der – auch oft populistischen – Vetorolle der Duma unter Jelzin, hat Putin die Duma ab der dritten Legislaturperiode völlig unter seine Kontrolle gebracht. Allerdings konnte auch er bisher nicht die Frage beantworten, was denn passieren würde, sollte das Staatsoberhaupt die Unterstützung der Parlamentsmehrheit aus welchen Gründen auch immer wieder verlieren.[86]

Im Gegensatz zu Jelzin ging Putin letztlich soweit, das präsidentielle System in Russland im Prinzip als unverhandelbar einzustufen. Trotz einiger vorangegangener Aussagen, dass künftige Regierungen auf Grundlage der Verhältnisse in der Duma gebildet werden und sich auch auf diese stützen könnten, relativierte der Präsident schon bald diese Vorstellungen. Putin erklärte, dass der Präsident persönlich für die Regierungsarbeit gewissermaßen die letzte Instanz sei und der Ministerpräsident die Regierung nur leiten würde.[87] Er deklarierte das verfassungsmäßig so ausgelegte präsidentielle System als vorbestimmt und erklärte auf einer Pressekonferenz im Jahr 2003, dass eine parlamentarische Republik bzw. der Parlamentarismus nicht zu dem ethnisch und konfessionell so heterogenen Russland passe. Alles andere als eine präsidentielle Republik der gegenwärtigen Form sei für Russland nicht zulässig und sogar gefährlich.[88] Präsident Putin berief sich dabei vor allem auf die Wiedergewinnung von traditionellen russischen Werten. Für ihn war der Verweis auf die Verfassung und auf die Tatsache, dass der Ministerpräsident durch die Duma bestätigt werden muss, schon genug Ausdruck einer parlamentarischen Mehrheit.[89] Überhaupt stellte Putin den Anstieg der nationalen Wirtschaftsleistung und die Verbesserung der wirtschaftlichen Lebensverhältnisse als Voraussetzung für jede Art demokratischer Experimente dar.[90] Im Oktober 2007 erklärte

---

[85] Gorzka, 2007: 11.
[86] Ryschkow, 2004: 207f.
[87] Vgl. Mommsen, 2004: 185.
[88] Vgl. Mommsen; Nußberger, 2007: 35
[89] Mommsen, 2004: 186.
[90] Mommsen, 2012.

er, dass Russland wohl noch 15 - 20 Jahre ein gesteuertes politisches System benötigen würde, ehe es selbstständig funktionieren könne. Seine Präferenzen waren damit klar: persönliche Lenkung des politischen Prozesses durch eine extrem präsidentielle Auslegung der Verfassung sowie ad hoc-Arrangements.[91]

Bei den Wahlen zur fünften Duma am 2. Dezember 2007 erreichte „Einiges Russland" mit 64 Prozent der Listenstimmen eine Zweidrittelmehrheit. Dies war vor allem ein Testlauf für die Präsidentenwahlen im März 2008, die deshalb so brisant waren, weil Putin in Einhaltung der Verfassung nach zwei Amtszeiten nicht mehr antreten durfte.[92] Entgegen einiger Erwartungen hatte Putin die Verfassung zur maximal zweimaligen Amtszeit des Präsidenten durch diese Zweidrittelmehrheit nicht ändern lassen. Es war für ihn vor allem nach wie vor entscheidend, dass ihm treu ergebene Parteien die Staatsduma kontrollierten. Dazu gehörten nach den Wahlen neben „Einiges Russland" die vom Kreml gegründete Partei „Gerechtes Russland", um das linke Spektrum abzudecken, und wiederum die LDPR. Diese „Block-Parteien" sowie auch die kommunistische Partei wurden und werden zur „systemtreuen Opposition" gerechnet.[93]

Bereits die vierte Duma wurde vor allem von der Frage dominiert, wer Präsident Putin als Präsident nachfolgen würde. Hier lässt sich eine Straffung der Parlamentsdisziplin erkennen.[94] Ende Dezember kündigte Putin an, dass Dmitrij Medwedew, ein langjähriger Mitarbeiter und zuletzt stellvertretender Ministerpräsident, für das Präsidentenamt kandidieren würde. Putin selbst würde als Ministerpräsident antreten. Wie erwartet, wurde Medwedew am 2. März 2008 mit rund 70 Prozent der Stimmen zum Präsidenten gewählt und ernannte Putin umgehend zum Ministerpräsidenten.[95] Bald darauf übernahm Putin die Parteiführung von „Einiges Russland", ohne aber deren Parteimitgliedschaft zu erwerben. Dieser Vorgang zeigt auch die Vorbehalte, welche bei Putin anscheinend immer noch gegenüber der bürokratischen Klientelpartei herrschen. Dessen ungeachtet wurde die Partei erneut als eine Art Vehikel der Macht eingesetzt. Sie erfüllte nach wie vor ihre Dienste, diesmal im Verhältnis des Ministerpräsidenten zum Präsidenten.[96]

Einige Beobachter sehen seit den Dumawahlen im Dezember 2007, dass auch der letzte politische Pluralismus und die letzten Kontrollmechanismen verschwunden sind, wel-

---

[91] Vgl. Ebd.
[92] a) Schröder, 2012.
[93] Vgl. Manutscharjan, 2012: 19
[94] Chaisty, 2012: 148.
[95] a) Schröder, 2012.
[96] Mommsen, 2009: 260

che auf der beschränkten Konkurrenz der Kremlparteien basierten. Seit die liberalen Fraktionen aus der Staatsduma und dem Föderationsrat verschwunden sind, sind definitiv auch sämtliche Debatten über eine politische Weiterentwicklung Russlands von der Tagesordnung verschwunden.[97] Kein geringerer als Michail Gorbatschow, der frühere Generalsekretär des Zentralkomitees der Kommunistischen Partei der Sowjetunion (KPdSU) klagte „Einiges Russland" und Parteichef Putin sehr direkt an. Gorbatschow sagte, Putins Partei bestehe nur aus Bürokraten und sei die schlimmste Version der KPdSU. Darüber hinaus seien weder Parlament noch Justiz richtig frei.[98] Lev Gudkov und Victor Zaslavsky vom Moskauer Meinungsforschungsinstitut „Lewada-Zentrum" kritisieren ebenfalls die Konzentration der Macht im Kreml und betonen, dass Putin persönlich sowie sein Umfeld die Herausbildung eines demokratischen Staates verhindert hätten. Die Popularität Putins, wurde auch von ihnen mit der Theorie der schlechten Erfahrung der Russen mit Demokratie bzw. deren Auswirkungen unter Jelzin begründet. Unter der chaotischen Herrschaft Jelzins war die Idee der Demokratie zunehmend in Misskredit geraten. Putins Führungsstil, seine Rezentralisierung und seine Ordnungsvorstellungen hätten das Bedürfnis nach Vertrautheit, Sicherheit und Stabilität bedient.[99]
Am 24. September 2011 gab Medwedew auf dem Parteitag von "Einiges Russland" bekannt, dass bei den Präsidentschaftswahlen im März 2012 Putin und nicht er als Kandidat des Regierungslagers antreten würde. Dies führte allerdings zu einer Wende, wie sie die Führung keinesfalls erwartet hatte: Die bis dahin nicht mehr ganz so hohen Ratings von „Einiges Russland" und deren politischen Führern stürzten noch weiter ab, als dies in der letzten Zeit der Fall gewesen war. Die Partei verlor deutlich an Ansehen. Der Blogger Alexej Nawalnyj prägte das Schlagwort von der "Partei der Gauner und Diebe". Trotz immer noch hoher Zustimmung wehte Putin erstmals ein scharfer Wind entgegen. Die hohe plebiszitäre Zustimmung, auf die er sich über die Jahre hinweg verlassen konnte, ging merklich zurück.[100] Bei der Wahl am 4. Dezember 2011 wurde die Staatsduma erstmals für eine verlängerte Amtszeit von nun fünf Jahren bestimmt. Alle Abgeordneten wurden ausnahmslos über Parteilisten nach Verhältniswahlrecht mit Sieben-Prozent-Hürde gewählt.[101]
Das schlechte Abschneiden der Partei „Einiges Russland" bei dieser Wahl steht in direktem Zusammenhang mit Putins massivem Popularitätsverlust. Schließlich deckte

---

[97] Vgl. Gudkov, 2008: 4.
[98] Vgl. Gorbatschow geht Putin an, 2009.
[99] Manutscharjan, 2012: 20.
[100] a) Schröder, 2012.
[101] Russische Föderation, 2014.

seine Politik die Korruption im Staatsapparat, was jetzt massiv zu Buche schlug.[102] Die Bürger lasteten Putins Partei auch ihre verschlechterten Lebensbedingungen infolge der Weltfinanzkrise an. In einigen Föderationssubjekten erhielt „Einiges Russland" weniger als vierzig Prozent der Stimmen. Während „Einiges Russland" nach offiziellen Mitteilungen insgesamt nur 49,3 % der Wählerstimmen erhielt (2007 waren es noch rund 75 Prozent), zeugten viele direkte und indirekte Hinweise von zahlreichen Unregelmäßigkeiten bei der Auszählung. Zu diesen Hinweisen gehörten beispielsweise auch negative Berichte der Wahlbeobachter. Mittlerweile gibt es keine bzw. wenige Zweifel daran, dass der reale Anteil der für "Einiges Russland" abgegebenen Stimmen deutlich geringer war als der offizielle.[103] Sogar der Putin-Vertraute Sergej Mironow aus Sankt Petersburg – ehemals Vorsitzender des Föderationsrates und Gründer der kremltreuen Partei „Gerechtes Russland" – bezeichnete die Wahlen als „polnyj bespredel". Das bedeutet umgangssprachlich so viel wie „grenzenloses Verbrechen".[104] Die Duma-Wahlen mit ihren Fälschungsvorwürfen im Dezember 2011 mobilisierten eine in der jüngeren Geschichte Russlands beispiellose Protestbewegung. Allein in Moskau demonstrierten zeitweise bis zu 100.000 Menschen gegen die Fälschungen. Auch in zahlreichen anderen Städten kam es zu Protesten mit vielen tausenden Demonstranten. Auf den Kundgebungen forderten die Menschen vor allem eine ehrliche Präsidentenwahl und auch einen demokratischen Wandel.[105]

Bis zu den Präsidentschaftswahlen am 4. März 2012 gelang es der Staatsmacht jedoch, die Kontrolle über die Situation im Land weitgehend wiederzuerlangen. Die Präsidentschaftswahl gewann Putin im ersten Wahlgang, allerdings unter Nutzung aller verfügbaren Mittel. Offiziellen Angaben zufolge erzielt Putin 63,6 % der Stimmen. Auch bei dieser Wahl wurden zahlreiche Unregelmäßigkeiten im Laufe der Kampagne und bei der Stimmauszählung deutlich, und das Bild schien sich zu wiederholen.[106] Nach Putins Wahl brachte der noch amtierende Präsident Medwedew einige Entscheidungen auf den Weg, die das politische System ein Stück weit wieder liberalisierten. Diese wurden auch als Entgegenkommen an die Opposition gewertet. Ende März wurde das Parteiengesetz modifiziert. Danach mussten Parteien beispielsweise statt wie vorher 40.000 nur noch 500 Mitglieder nachweisen, um sich registrieren zu lassen. Ende April beschloss die Duma eine Novelle zum Wahlgesetz und verabschiedete zudem ein Gesetz,

---

[102] Manutscharjan, 2012: 19.
[103] Gelman, 2012: 3.
[104] Manutscharjan, 2012: 18
[105] Vgl. Bundeszentrale für Politische Bildung, 2012.
[106] Gelman, 2012: 3.

das die Direktwahl der Gouverneure in Föderationssubjekten wieder einführte. Allerdings mit dem Zusatz, dass der Präsident das Recht habe, diese zur Konsultation vorzuladen.[107]

Trotz der Rückschläge bei den Wahlen 2011 verfügt die Partei „Einiges Russland" mit 237 von 448 Sitzen über eine absolute Mehrheit in der Staatsduma.[108] Unter Putin und Medwedew wurde „Einiges Russland" zur alles dominierenden Partei des gesamten politischen Systems. Sie beherrschte und beherrscht nicht nur nach wie vor die Staatsduma in Moskau, sondern auch größtenteils die regionalen Parlamente.[109] Dennoch wäre es irreführend, das politische System Russlands bzw. die Duma als „Einparteiensystem" bzw. „Einparteienparlament" zu beschreiben. Selbst wenn man letzteres für die Duma anführt, so überhöht dies schlicht die politische Bedeutung der Partei „Einiges Russland". Es sollte nicht vergessen werden, dass sie lediglich als ein Anhängsel der Exekutive dient und oft von einer symbolischen Aufwertung als „regierende Partei" profitiert.[110] Generell sind die Parteien in Russland als politische Akteure im besten Fall eher nachrangig. Dies gilt in besonderem Maße für die Oppositionsparteien, aber auch für die Staatspartei „Einiges Russland".[111] Die Partei ist vielmehr eine Art von „politischer Maschine", die bei Bedarf (Wahl- und Nominierungsverfahren) angeworfen wird. Sie konzentriert sich auf die Präsidenten-, Parlaments- und Provinzparlamentswahlen. Des Weiteren dient sie, wie erwähnt, als Rekrutierungspool und stellt ein großes Relais für Patronage und andere Vergünstigungen dar.[112]

Zusammenfassend lässt sich sagen, dass Putins „System" bei den Wahlen 2011 und 2012 empfindliche Verluste hat einstecken müssen. Zum ersten Mal wurde offensichtlich, dass dieses politische System auch erschüttert werden kann. Die Herausforderungen für das „System Putin" haben einen systemischen und zum Teil auch einen unabwendbaren Charakter bekommen.[113]

5. Entwicklungs- und Emanzipationsmöglichkeiten der Duma nach einer Ära Putin?

Russland hat sich unter Putin verändert. Gleichzeitig schien sich das politische System auch stabilisiert und einen längerfristig tragfähigen Herrschaftsmodus akzeptiert zu haben. Putin könnte als eine Art Regimekonstrukteur einen Platz in der Geschichte finden.

---

[107] Vgl. a) Schröder, 2012.
[108] Russische Föderation, 2014.
[109] Remington, 2007: 55.
[110] Mommsen; Nußberger, 2007: 41
[111] Hartman; Kempf, 2011: 296.
[112] Remington, 2008: 984.
[113] Gelman, 2012: 3.

Es ist möglich, dass es auch in Zukunft ein System Putin, aber vielleicht ohne Putin geben könnte.[114] Putins Russland war aber vor allem auch deshalb so stabil, weil sich die Bevölkerung weitestgehend aus der öffentlichen Diskussion und aus einem parteipolitischen Engagement verabschiedet hatte. Die Mehrheit der Russen schien Putins politischen Kurs zu tolerieren, solange seine Ziele mit ihren persönlichen, individuellen Zielen übereinstimmten bzw. diese nicht wesentlich berührten.[115] Mittlerweile lassen sich aber aus Sicht des Autors eindeutig Anzeichen feststellen, dass das System Putin zwar nicht instabil, aber gleichzeitig auch nicht mehr unveränderbar erscheint. Die großen Demonstrationen im Winter 2011/2012 unterstreichen diese Annahme. Russlands Modernisierung verlangt einen größeren politischen Pluralismus.[116] Es erschien und erscheint zumindest ebenso möglich, dass das politische System eine Evolution von außen erleben könne.[117] Die Erosion offener Politik und das stetige Ansteigen der Korruption führen auch dazu, dass Konflikte zum Teil nach innen gelenkt werden und die zunehmende Fraktionsbildung innerhalb des Regimes befördert wird.[118] Es wird ersichtlich, dass der Kreml den immer stärker zu Tage tretenden Widerspruch zwischen eigenen Zielen und der Realität nicht ewig ignorieren kann. Die gesellschaftlichen Differenzierungsprozesse, die Ausformung von wirtschaftlichen und somit auch von politischen Interessengruppen, gepaart mit einer sich über neue Formen organisierenden Gesellschaft, schreiten weiter voran.[119]

Wie könnte sich das auf das Verhältnis Exekutive-Legislative, bzw. auf die Staatsduma auswirken? Putin hat sich mit der Partei »Einiges Russland« ein treues Anhängsel geschaffen, welches das Parlament dominiert. Gleichzeitig zeigen aber die Versuche, neue Wege zur Kontrolle des politischen Lebens zu finden, wie begrenzt die verfügbaren Möglichkeiten in dem engen Rahmen sind, in dem sich Putins System derzeit bewegt.[120] In einer künftigen Entwicklung des politischen Systems in Russland ist es denkbar, dass der Aspekt des Föderalismus, in welcher Form auch immer, wieder stärker zum Tragen kommt. Dies würde sich allerdings vor allem auf den Föderationsrat beziehen.[121] Ein anderes Entwicklungsszenario könnte darin bestehen, die Mehrheitspartei „Einiges Russland" am Kabinett zu beteiligen und sie auf diesem Weg zu einer

---

[114] Hartman, 2009: 108
[115] Gorzka, 2004: 11ff.
[116] Vgl. dazu Rahr, 2012.
[117] Gabowitsch, 2013: 362.
[118] Sakwa, 2013: 5.
[119] Schulze, 2005: 210.
[120] Vgl. Sakwa, 2013: 5.
[121] Vgl. Gabowitsch, 2013: 366.

politisch wirklich verantwortlichen „regierenden Partei" zu machen. Diese stärkere Zusammenarbeit auf parlamentarischer Basis wäre gleichzeitig ein Schritt in Richtung Parteiendemokratie und würde zugleich eine Annäherung an die Verfassung bedeuten.[122] Denn nach der Verfassung hat das Parlament, wie bereits aufgezeigt, durchaus Möglichkeiten, sich gegenüber der Exekutive durchzusetzen. Die Verfassung weist der Duma bei der Gesetzgebung die federführende Rolle zu. Die Abgeordneten der Staatsduma und des Föderationsrates und auch die gesetzgebenden Versammlungen der einzelnen Föderationssubjekte verfügen über das Recht zur Gesetztesinitiative.[123] Jedes Gesetz muss von der Duma bestätigt werden. Darüber hinaus kann auch ein präsidentielles Veto durch eine Zweidrittelmehrheit in beiden Kammern außer Kraft gesetzt werden.[124] Die effektive Wahrnehmung dieser Kompetenzen setzt allerdings eine stabile und disziplinierte Mehrheit sowie klare politische Verhältnisse voraus. Daneben ist ein deutlich erkennbarer politischer Willen sowie ein personelles und programmatisch eigenständiges Profil unersetzlich, um der doppelten Dominanz von Regierung und Präsidialadministration Paroli bieten zu können.[125] Voraussetzung für diese Entwicklung aber wäre ein anhaltender Druck demokratischer Bewegungen. Für eine Änderung des gegenwärtigen Putinschen Systems von innen heraus ist eine erneute, noch weitere Öffnung der politischen Öffentlichkeit für kontroverse Standpunkte und Debatten und der Verzicht auf politische Technologien nötig. Dazu gehören ein politisch-pluralistischer Wettbewerb und auch eine weitere Liberalisierung der Medienlandschaft.[126]

Abgesehen von der verfassungsrechtlich kritischen Stellung der Duma im politischen Gefüge der Institutionen ist das große Defizit des russischen Parteiensystems ein weiterer, vielleicht sogar entscheidender Punkt.[127] Putins Stärke ist auch bzw. vor allem das Ergebnis der Schwäche einer in sich zerrissenen Opposition. Eine vereinte Opposition gegen Putin aufzubauen ist, gemessen an Ihren Möglichkeiten, äußerst schwierig. Selbst Parteien wie Jabloko und die SPS schrecken davor zurück, denn sie sind auf ihre Weise bereits fast schon ein Teil des Systems geworden.[128]

Die Kremlmehrheit von „Einiges Russland" verfügt bislang weder personell noch programmatisch über die notwendige Eigenständigkeit, um nennenswerten politischen Einfluss auf die legislative Agenda der Regierung oder gar auf den politischen Kurs der

---

[122] Mommsen, 2009: 260.
[123] Steinsdorff, 2002: 280.
[124] Reminton, 2007: 56.
[125] Steinsdorff, 2003: 2f.
[126] Vgl. Mommsen, 2009: 260.
[127] Vgl. Steinsdorff, 2002: 270
[128] Schulze, 2005: 213

Exekutive zu nehmen. Insbesondere die Abgeordneten sind vor allem darum bemüht, mit Hilfe der organisatorischen und finanziellen Ressourcen der Präsidialadministration ihre Wiederwahl sicher zu stellen.[129] Aus Sicht des Autors kann ein möglicher Wandel nur von außen einsetzen, indem sich gesellschaftliche Triebkräfte immer mehr auch in politischen Forderungen und neuen Parteien, Institutionen, etc. manifestieren, welche nicht in irgendeiner Form Teil des Putinschen Systems sind. Ob es den Aktivisten, etc. gelingen wird, ihren Interessen zukünftig mehr politisches Gehör zu verschaffen, wird wesentlich von der Glaubwürdigkeit, Überzeugungskraft und auch der Professionalität ihrer Vertreter abhängen.[130] Der Wille dazu ist vorhanden.

6. Fazit

Im Ergebnis lässt sich sagen, dass die von Putin weitgehend domestizierte Staatsduma wohl noch weiter davon entfernt ist, die in der Verfassung ihr angedachte Funktion einer parlamentarischen Regierungskontrolle zu erfüllen, als die zwar weniger effiziente, aber politisch durchaus eigenständigere Duma der Jelzin Zeit.[131]

Allerdings bleibt es kritisch zu bewerten, ob dies von der Mehrheit der russischen Bevölkerung auch so gesehen wird. Es ist anzunehmen, dass vielen die zum Teil ebenso populistischen wie unnütz wirkenden Gesetze, welche die Duma in dieser Zeit eingebracht hat, in Erinnerung geblieben sind. Diese Rolle der Duma als ein destruktiver Vetospieler könnte auch dazu verleiten, dass manche Russen die Arbeit der heutigen Duma als wesentlich effektiver ansehen als zur Zeit der Jelzin Präsidentschaft. Fest steht, dass das Parlament in Russland schon immer mit Ablehnung und einem schlechten Ruf zu kämpfen hatte. Verschiedene Meinungsumfragen belegen immer wieder die weit verbreitete Ablehnung, welche die russischen Bürger ihren Volksvertretern entgegenbringen. Das Parlament ist auch die einzige Institution, welcher über mehrere Jahre hinweg dezidiertes Misstrauen entgegengebracht wurde.[132] Der Glaube, dass die Legislative vor allem zuerst an sich selber denkt, hat die allgemeine Wahrnehmung repräsentativer Institutionen in Russland geprägt. Allein in der fünften Duma standen Schätzungen zufolge 27 Abgeordnete im Zentrum eines kriminellen Skandals.[133] Die Schwäche von politischen Institutionen ist ein wesentliches Hindernis für politische Führer, die ver-

---

[129] Steinsdorff, 2003: S. 3.
[130] Schmidt; Fuhrmann, 2012: 25
[131] Vgl. Steinsdorff, 2003: 2f.
[132] Steinsdorff, 2002: 289f.
[133] Chaisty, 2012: 152

suchen, ein System zu modernisieren, sei es entweder demokratisch oder autoritär.[134] Der geringe Institutionalisierungsgrad der Staatsduma geht somit auch auf das mangelhafte Demokratieverständnis der meisten Abgeordneten und deren mangelhafte politische Professionalität zurück. Hier macht sich das Fehlen der liberalen Parteien negativ bemerkbar, deren Abgeordnete in der Vergangenheit zumindest auf die Einhaltung formeller Regeln in der Duma gepocht hatten.[135] Nichtsdestotrotz hat die Duma einen festen Platz im russischen Verfassungsgefüge und auch im russischen Denken. Putin hat nicht vor, an diesem Bestand etwas zu ändern. Nach einer Umfrage im Jahr 2007 antworten 48% der Befragten auf die Frage, ob Russland die Staatsduma brauche, oder ob das Leben des Landes genauso gut mit präsidialen Erlassen organisiert werden könnte, mit „Russland braucht die Staatsduma". 37% waren der Meinung, dass es genauso gut mit präsidialen Erlassen organisiert werden könnte und für 15% der Befragten war es „schwer zu sagen".[136]

Berücksichtigt man die ungünstigen Ausgangsbedingungen nach dem parlamentarischen Fehlstart der ersten Republik sowie den fehlenden Dualismus von Opposition und Regierungsmehrheit, erscheint die Bilanz einer gewissen Lernfähigkeit der Duma zumindest nicht völlig enttäuschend. Sie hat besonders in ihrer zweiten Legislaturperiode bewiesen, dass sie über eine gewisse institutionelle Lernfähigkeit und auch über einen kreativen Umgang mit den Grundregeln von kollektiven Entscheidungsprozessen verfügt. Allerdings verstand sie es nicht, diese immer konstruktiv einzusetzen.[137]

Wie kann aufgrund dieser Feststellungen das eingangs beschriebene Verständnis von autoritärem Obrigkeitsstaat und Demokratie bzw. der legislativen Funktion der Duma erklärt werden? Henry E. Hale, Professor für Politikwissenschaft und Internationale Beziehungen an der George-Washington-Universität brachte dieses Problem bei seinen Untersuchungen auf den Punkt:

„Ich versuchte diesen Gedanken zu überprüfen, indem ich die Umfragewelle der Wahlanalyse des Russian and Eurasian Security Networks (RES) aus dem Jahre 2008 nutzte, durchgeführt unmittelbar nach den Präsidentschaftswahlen dieses Jahres. In einem Artikel vom Oktober 2011 in den Europe-Asia Studies stellte ich fest, dass eine überwältigende Mehrheit der Russen »denkt, dass Russland ein Staatsoberhaupt mit einer starken Hand braucht, um seine Probleme zu lösen« – eine Erkenntnis, die die Prince-

---

[134] Ebd.: 155
[135] Vgl. b) Wiest, 2004: 3.
[136] Vgl. Braucht Russland die Staatsduma? Umfrage des Levada-Instituts, 2007.
[137] Vgl. Steinsdorff, 2002: 291.

ton Survey Research Associates und andere in ihren Studien als einen Indikator für die Unterstützung des Autoritarismus interpretierten. Aber die RES-Studien machten an diesem Punkt nicht Halt, sondern fragten, woher diese »starke Hand« nach Meinung der Leute kommen sollte, und es stellte sich heraus, dass bis auf 4 % alle, die eine starke Hand befürworteten, dachten, dass »die Menschen das Recht haben sollten das Staatsoberhaupt zu wählen« und fast alle von ihnen (87 %) dachten, dass dies durch »freie und faire Wahlen« unter »mehreren Kandidaten mit verschiedenen Ansichten« geschehen sollte.

Dies bringt die Feststellung, dass Russen sich einen machtvollen, weitgehend unabhängigen Herrscher wünschen, mit den Ergebnissen zur russischen Demokratieauffassung in Einklang – sie wollen diesen Herrscher in freien und fairen Wahlen wählen, denken, dass politischer Wettbewerb den Staat stärkt und dass die Herrscher sich an die Menschenrechte halten sollten (nachzulesen in der RES-Studie aus dem Jahr 2008)."[138]

Putins Rückgrat in Russland bildet eine strikte, durchgehende Kommandokette, die sich vom Kreml aus durch alle staatlichen Organe erstreckt. Alle wichtigen Einrichtungen, ob Parlament oder regionale Oberhäupter, fallen in diese Kategorie der Staatszentralisierung.[139] Es gibt durchaus Meinungen, welche die Auffassung vertreten, dass die Aufrechterhaltung der russischen personalen Herrschaftsform, welche sich durch Wahlen legitimiert, früher oder später auch zwangsläufig zu einer Aufweichung der Gesellschaft führen und sie destabilisieren könnte.[140]

Die dritte Putin-Administration befindet sich also in einer veränderten Situation: eine gewandelte Gesellschaft mit einer selbstbewussten Mittelklasse und einer aufkommenden Paralleöffentlichkeit, verstärkt durch die Nutzung des Internets. Die letzten Dumawahlen haben gezeigt, dass die politische Inszenierung des Jahres 2000 im Jahr 2011 nicht mehr greift. Will die neue Administration die sechsjährige Amtszeit unbeschadet überstehen, dann muss sie das politische System zumindest in Teilen reformieren. Jedoch ist eine Neugestaltung der gesellschaftlichen Verhältnisse nicht zu erwarten.[141]

Die Partei „Einiges Russland" wird vom Staatsapparat auf allen Ebenen getragen. Diese erstrecken sich von der Moskauer Präsidialadministration über die bürokratischen Schaltzentralen der föderalen Bezirke bis hin zu den Apparaten der Republiken und

---

[138] Hale, 2012 :2, Z. 35ff.
[139] Mommsen; Nußberger, 2007: 32
[140] Shevtsova, 2006: 3.
[141] b) Schröder, 2012.

Gebiete. Die heutige kommunistische Partei Russlands sieht sich zwar selbst immer noch als Massenpartei und vermag es, Teile der Unzufriedenen um sich zu scharen. Eine echte Perspektive kann sie ihnen aber mittlerweile nicht mehr bieten.[142] Es bleibt zu betonen, dass in Russland trotz der wachsenden Unzufriedenheit mit der Entwicklung des Landes die gezielten Aktionen des Regimes die Opposition und die organisierte Zivilgesellschaft in der vergangen Zeit doch auch geschwächt haben. Zwar sind beispielsweise die meisten russischen NGOs mit einer politischen Zielsetzung weiterhin aktiv, allerdings stellen die harten finanziellen Einschnitte sie vor eine schwierige Lage. Für die Zukunft oppositioneller Zusammenschlüsse, egal ob innerhalb oder außerhalb des Parlaments, wird es zudem von Bedeutung sein, ob es ihnen gelingt, größere Gesellschaftsschichten zu erreichen.[143]

In näherer, absehbarer Zukunft wird keine andere Partei in der Duma aus verschiedenen Gründen mit „Einiges Russland" konkurrieren können. Nahezu alle Parteien, die vor der Putin-Periode besonders aktiv waren, haben mehr als die Hälfte ihrer Plätze verloren. Aus Sicht des Verfassers erscheinen zwei mögliche Varianten für die künftige Entwicklung der Duma wahrscheinlich: Entweder gelingt es der Kreml-Administration, das Monopol von „Einiges Russland" durch polittechnologische Methoden unter Rücksichtnahme auf die gesellschaftlichen Entwicklungen auszubauen, oder die Situation entgleitet den Machthabern in Zukunft wohl noch stärker. Dann könnte es zu einer massiven Protestwahl im Land kommen, bei der immer mehr Menschen bei den Wahlen zur Duma für eine unbedeutende Splitterpartei stimmen, nur um die Mehrheit für „Einiges Russland" zu verhindern. Für die Effektivität und die Arbeit der Duma ist dieses Szenario ebenso kritisch zu bewerten, da es nicht dazu führen muss, dass programmatische und wirklich konkurrenzfähige Parteien mit deutlichen politischen Programmen eine relevante Anzahl an Sitzen erhalten. Im Lauf seiner Geschichte gab es in Russland noch nie ein Mehrparteiensystem. Die Chancen dafür sind auch jetzt denkbar gering. Sollte es aber eine Partei schaffen, sich langfristig als Alternative zu „Einiges Russland" mit ähnlichen finanziellen Ressourcen, etc. zu etablieren, so würde dieses Zweiparteiensystem wohl die besten Chancen für den Parlamentarismus und den politischen Pluralismus in Russland ermöglichen.

---

[142] Götz, o.O.u.J.: 2.
[143] Ulbrich; Stewart, 2013: 4.

7. Literaturverzeichnis

- Art. 1, Abs. 1, Russische Verfassung, Politisches System auf der Webseite der Botschaft der Russischen Föderation in der Bundesrepublik Deutschland (http://russische-botschaft.de/russland/politisches-system.html, 21.02.2014).
- Braucht Russland die Staatsduma? Umfrage des Levada-Instituts, 12.–16. Oktober 2007, http://www.levada.ru/press/2007102502.html, in: Russland-Analysen, Nr. 146, 26.10.2007, S. 6 (http://www.laender-analysen.de/russland/pdf/Russlandanalysen146.pdf, 26.02.2014).
- Bundeszentrale für Politische Bildung: Präsidentschaftswahl in Russland, Hintergrund aktuell, 05.03.2012 (http://www.bpb.de/politik/hintergrund-aktuell/76078/praesidentschaftswahl-in-russland-05-03-2012, 24.02.2014)
- Chaisty, Paul: Business Representation in the State Duma, in: Jonson, Lena; White, Stephen (Ed.): Waiting for Reform under Putin and Medvedev, Basingstoke 2012, pp. 140-159.
- Cohen, Stephen F.: The New American Cold War, in: The Nation, 10.07.2006 (http://www.thenation.com/article/new-american-cold-war#, 25.02.2014).
- Das Zarenregime in der Krise, Online bei klett, o.O. u. J. (http://www2.klett.de/sixcms/media.php/8/430046_s18_19.pdf, abgerufen am: 20.04.2014)
- Gabowitsch, Mischa: Putin kaputt!? Russlands neue Protestkultur, Berlin 2013.
- Gelman, Vladimir: Analyse: Regime, Opposition und die Herausforderungen des elektoralen Autoritarismus in Russland, in: Russland-Analysen, Nr. 242, 13.07.2012, S. 3-6.
- Gudkov, Lev: Staat ohne Gesellschaft. Autoritäre Herrschaftstechnologie in Russland, in: Osteuropa, Jg. 58 1/2008, S.3-17.
- Gorbatschow geht Putin an, in: Süddeutsche Zeitung, 7.3.2009 (http://archive.is/pC48, 25.02.2014).
- Gorzka, Gabriele: Wohin steuert Russland unter Putin? in: Ders.; Schulze, Peter W.: Wohin steuert Russland unter Putin? Der autoritäre Weg in die Demokratie. Frankfurt am Main 2004, S. 7-17.
- Götz, Roland: Rußland am Beginn von Putins zweiter Amtszeit, SWP, o.O.u.J.

(http://www.swp-berlin.org/fileadmin/contents/products/fachpublikationen/putin_gtz_040311_ks_neu.pdf, 21.02.2014).
- Hale, Henry E.: Die Entwicklung des russischen Demokratieverständnisses 2008–2012. Gab es einen demokratischen Aufbruch? in: Russland-Analysen, Nr. 243, 21.09.2012, S. 2-5.
- Hartmann, Jürgen: Internationale Beziehungen, 2. Auflage, Wiesbaden 2009.
- Hartmann, Jürgen: Kempf, Udo: Staatsoberhäupter in der Demokratie, Wiesbaden 2011.
- Hendley, Kathryn: Putin and the law, in: Herspring, Dale R.: Putin's Russia. Past Imperfect, Future Uncertain. Lanham, Boulder, New York 2007, 99 – 127.
- Heinemann-Grüder, Andreas: Rusland – „gelenkte Demokratie" oder Semi-Autoritarismus?, in: Gesellschaft – Wirtschaft – Politik 3/2004.
- Kuderer, Nicole M.: The Sovietization of Russian Politics, in: Post-Soviet Affairs, 25. Jg., 2009.
- Leonhard, Wolfgang: Was haben wir von Putin zu erwarten? Innen- und außenpolitische Perspektiven Russlands, in: Die politische Meinung, Nr. 375, Februar 2001, S. 79 – 88 (http://www.kas.de/db_files/dokumente/die_politische_meinung/7_dokument_dok_pdf_1640.pdf, 18.02.2014).
- Luchenhart, Otto: Präsidentialismus in den GUS-Staaten, in: Ders. (Hrsg.): Neue Regierungssysteme in Osteuropa und den GUS-Staaten, 2. Auflage, Berlin 2002.
- Makarenko, Boris I.: Gesetzmäßigkeiten der Krise des russischen Parteiensystems, in: Gorzka, Gabriele; Schulze, Peter W. (Hrsg.): Wohin steuert Russland unter Putin? Der autoritäre Weg in die Demokratie. Frankfurt am Main 2004, S. 215-243.
- Manutscharjan, Aschot L.: Putin 3.0. Zur dritten Amtszeit von Wladimir Putin, in: Die Politische Meinung, Nr. 511, Juni 2012, S.17-22 (http://www.kas.de/wf/doc/kas_31192-544-1-30.pdf?120604121153, 24.02.2014).
- McFaul, Michael: Russia's Unfinished Revolution. Political Change from Gorbachev to Putin, Ithaca 2001.

- Mommsen, Margareta: Plebiszitärer Autoritarismus in Russland: Der Wandel seit 2000, in: Maćków, Jerzy (Hrsg.), Autoritarismus in Mittel-und Osteuropa, Wiesbaden 2009, S. 241-261.
- Mommsen, Margareta; Nussberger, Angelika: Das System Putin. Gelenkte Demokratie und politische Justiz in Russland, München 2007.
- Mommsen, Margareta: Wer herrscht in Russland? Der Kreml und die Schatten der Macht, München 2003.
- Mommsen, Margareta: Verfassungsordnung versus politische Realität, Bundeszentrale für Politische Bildung, Dossier Russland, 14.6.2012 (http://www.bpb.de/internationales/europa/russland/47940/verfassungsordnung-versus-politische-realitaet, 18.2.2014)
- Mommsen, Margareta: Autoritäres Präsidialsystem und gelenkter politischer Wettbewerb in Russland, in: Gorzka, Gabriele; Schulze, Peter W. (Hrsg.): Wohin steuert Russland unter Putin? Der autoritäre Weg in die Demokratie. Frankfurt am Main 2004, S. 177-203.
- Mommsen, Margareta: Wohin treibt Rußland? Eine Großmacht zwischen Anarchie und Demokratie, München 1996.
- Protsyk, Oleh: Ruling with Decrees: Presidential Decree Making in Russia and Ukraine, in: Europe-Asia Studies, Vol. 56, No. 5, 2004, 637–660. (http://www.policy.hu/protsyk/Publications/RulingwithDecrees.pdf, 24.02.2014)
- Rahr, Alexander: Wie stabil ist Putins Russland?, Januar 2012 (file:///C:/Users/Christian/Downloads/120130-eu-russland-forum_putins-russland_dt.pdf, 26.01.2014).
- Remington, Thomas F.: Putin, the Parliament and the Party System, in: Herspring, Dale R.: Putin's Russia. Past Imperfect, Future Uncertain. Lanham, Boulder, New York 2007, 53 – 75.
- Remington, Thomas: Patronage and the Party of Power: President-Parliamentary Relations under Vladimir Putin, in: Europe-Asia Studies, 60. Jg., 6/2008, S. 965-993.
- Russische Föderation, Informationen auf der Webseite des Auswärtigen Amtes, Stand: Februar 2014 (http://www.auswaertiges-amt.de/DE/Aussenpolitik/Laender/Laenderinfos/01-Nodes_Uebersichtsseiten/RussischeFoederation_node.html, 25.02.2014).

- Ryschkow, Wladimir A.: Die Dekade der Instabilität und Schwäche – Zum zehnjährigen Bestehen der Staatsduma, in: Gorzka, Gabriele; Schulze, Peter W. (Hrsg.): Wohin steuert Russland unter Putin? Der autoritäre Weg in die Demokratie. Frankfurt am Main 2004, S. 203-215.
- Sacharow, Andrej: Die Staatsduma und die Präsidentschaft Vladimir Putins, in: Gorzka, Gabriele; Schulze, Peter W. (Hrsg.): Russlands Perspektive. Ein starker Staat als Garant von Stabilität und offener Gesellschaft? Bremen 2002.
- Sakwa, Richard: Entwickelter Putinismus - Wandel ohne Entwicklung, in: Russland-Analysen, Nr. 261, 12.07.2013, S. 2-6.
- Schewzowa, Lilija: Das neue Russland. Von Jelzin zu Putin, in: Höhmann, Hans- Hermann; Schröder, Hans-Henning (Hrsg.): Russland unter neuer Führung. Politik, Wirtschaft und Gesellschaft am Beginn des 21.Jahrhunderts, Münster 2001.
- Schmidt, Lars Peter ; Fuhrmann, Johann C.: Neue Chancen für Russland? Innen- und außenpolitische Implikationen nach der Wahl Putins, in: Die Politische Meinung, Nr. 511, Juni 2012, S. 23-29 (http://www.kas.de/wf/doc/kas_31191-544-1-30.pdf?120703091200, 25.02.2014).
- a) Schröder, Hans-Henning: Russland unter den Präsidenten Putin und Medwedew 1999 – 2012, Bundeszentrale für Politische Bildung, Dossier Russland, 6.7.2012 (http://www.bpb.de/internationales/europa/russland/47926/russland-unter-den-praesidenten-putin-und-medwedew-1999-2012, 24.02.2014)
- b) Schröder, Hans-Henning: Nach der Russland-Wahl: Putin und Heraklit, in: SWP, 06.03.2012 (http://www.swp-berlin.org/de/publikationen/kurz-gesagt/nach-der-russland-wahl-putin-und-heraklit.html, 26.02.2014).
- Schröder, Hans-Henning: Russland in der Ära Jelzin 1992 – 1999, Bundeszentrale für Politische Bildung, Dossier Russland, 4.5.2011 (http://www.bpb.de/internationales/europa/russland/47924/russland-in-der-aera-jelzin-1992-1999, 18.2.2014)
- Schröder, Hans-Henning: Politisches System und politischer Prozess, in: Informationen zur politischen Bildung, Heft 281/2003, S.16-23.
- Schulze, Peter W.: Russland unter Putin. Good-by Putin, In: Der Bürger im Staat, 55. Jahrgang 4/2005, S. 208-216.

- Shevtsova, Lilia: Bürokratischer Autoritarismus – Fallen und Herausforderungen, in: Aus Politik und Zeitgeschichte, 11/2006, 13.03.2006. S. 6-13.
- Steinsdorff, Silvia von: Die russische Staatsduma zwischen politischer Marginalisierung und institutioneller Selbstbehauptung, in: Kraatz, S.; Steinsdorff, Silvia von (Hrsg.): Parlamente und Systemtransformation im postsozialistischen Europa, Opladen, 2002, S. 267–292.
- Steinsdorff, Silvia von: Die russische Staatsduma, in: Russland-Analysen, Nr. 3, 31.10.2003, S. 2-4.
- Ulbrich, Thomas; Stewart, Susan: Die russische Opposition in Bedrängnis. Heterogenität und Regimedruck, SWP-Aktuell, 22, März 2013. (http://www.swp-berlin.org/fileadmin/contents/products/aktuell/2013A22_ulbrich_stw.pdf, 26.02.2014).
- White, Stephen; Rose, Richard; McAllister, Jan: How Russia Vots, New Jersey 1997.
- a) Wiest, Margarete: Ausgehöhlte Gewaltenteilung. Der Föderalismus in Putin gelenkter Demokratie, in: Osteuropa, Jg. 54 1/2004, S.17-28.
- b) Wiest, Margarete: Die neue Staatsduma – das Taschenparlament des Präsidenten, in: Russland-Analysen, Nr. 13, 30.1.2004, S. 2-4.
- Wiest, Margarete: Russlands schwacher Föderalismus und Parlamentarismus. Der Föderationsrat, Osteuropa – Studienband 4, Münster – Hamburg – London 2003.

BEI GRIN MACHT SICH IHR WISSEN BEZAHLT

- Wir veröffentlichen Ihre Hausarbeit, Bachelor- und Masterarbeit

- Ihr eigenes eBook und Buch - weltweit in allen wichtigen Shops

- Verdienen Sie an jedem Verkauf

Jetzt bei www.GRIN.com hochladen und kostenlos publizieren